AF310999

NINON DE L'ENCLOS,

COMÉDIE HISTORIQUE EN UN ACTE,

MÊLÉE DE VAUDEVILLES;

Par MM. Henrion et Armand Ragueneau.

Représentée, pour la première fois, à Paris, le 19 Frimaire an 12.

> L'indulgente et sage nature
> A formé l'ame de Ninon
> De la volupté d'Epicure
> Et de la vertu de Caton.
>
> SCÈNE 2, PAGE 5.

A PARIS,

Chez Mad. Cavanagh, ci-devant Barba, Libraire, sous
le nouveau passage du Panorama, N°. 5, entre le
Boulevard Montmartre et la rue St.-Marc.

AN XII.

NINON DE L'ENCLOS.

SCÈNE PREMIÈRE.
LISETTE, *seule.*

Rangeons ces meubles... ma maîtresse pourroit bien avoir des visites aujourd'hui. M. de Gourville va revenir, c'est lui qui est un honnête homme ! Il a été proscrit dans le tems de la fronde, au moment où il étoit le plus amoureux de ma maîtresse ; enfin, le voilà rappelé.

Air du vaudeville de l'Asthenie.

Heureux, cent fois heureux le jour
Qui secondant notre espérance,
Vient rétablir notre séjour
Dans le beau pays de la France.
Ce jour fait oublier les maux
Enfantés par la tyrannie,
Et nous fait bénir les travaux
De qui nous rend à la patrie.

Mais, j'entends M. de Lestanges ; il vient pour la nièce de M. de Gourville, dont Ninon prend soin.

SCÈNE II.
LESTANGES, LISETTE.
LESTANGES.

Bonjour, Lisette, peut-on parler à ta maîtresse !

LISETTE.

Si vous voulez attendre, monsieur, je crois qu'elle ne tardera pas à paroître.

LESTANGES.

Ni Sophie non plus..

LISETTE.

Sans doute : qu'avez-vous donc de si pressé à leur dire ?

LESTANGES.

Des choses qui m'intéressent beaucoup.

LISETTE.

Et le tems vous paroît long ?

LESTANGES.

Je ne m'en apperçois pas auprès de la charmante Lisette.

LISETTE.

Voilà que par mon indiscrétion, je m'attire des complimens.

(4)

LESTANGES.

C'est le sort des jolies soubrettes.

LISETTE.

Il nous faut écouter toutes les fadeurs qu'on veut bien nous débiter ; mais d'après ce que j'ai vu, je ne pourrai jamais ajouter foi à la sincérité des amans.

LESTANGES.

Qu'as-tu donc vu ?

LISETTE.

Ce qui vient d'arriver à ce pauvre M. De la Châtre.

LESTANGES.

Il aimoit véritablement ta maîtresse.

LISETTE.

Elle l'aimoit bien aussi ; mais forcé de retourner à son régiment, il exigea un billet par lequel elle lui promît une fidélité inviolable.

LESTANGES.

Et Ninon le lui donna.

LISETTE.

Puis il partit.

LESTANGES.

On ne peut emporter un gage plus flatteur.

LISETTE.

J'en conviens, mais, hélas !

Air : *On compterait les diamans.*
Ce billet n'eut bientôt plus cours,
Ninon se prit d'ardeur nouvelle ;
Pour passer seule ses beaux jours,
Quelle femme est assez fidèle !
L'absence est perfide en amour,
Et l'on risque, en quittant sa belle,
D'être deux ou trois fois par jour...
Certain,... d'aimer une infidèle.

LESTANGES, *riant.*

Et ce pauvre la Châtre ..

LISETTE.

Vous le savez.

Air : *De la parole.*
Prêt à joindre son régiment,
Je le vis, rempli de tendresse,
Baiser ce billet doux, charmant,
Puis s'éloigner avec ivresse.
Bientôt oubliant son serment
Loin de celui qui l'idolâtre,
Je vis auprès d'un autre amant,
Ninon s'écrier plaisamment
Ah ! le bon billet (bis) qu'a la Châtre.

(5)

L E S T A N G E S.

Ninon est étourdie , inconséquente ; mais par combien de qualités n'efface-t-elle pas ces légères taches ! Vois avec quel désintéressement elle s'est chargée de la charmante Sophie , la parente de M. de Gourville ; elle a trouvé dans cette maison un abri contre l'indigence : tant de générosité couvre bien les défauts de Ninon.

Air : O toi qui n'eus jamais dû naître.

Au sein de la plus douce ivresse ,
A-la-fois précis et fécond ,
Voici ce que de ta maîtresse
A dit un jour Saint-Evremond :
« L'indulgente et sage nature
» A formé l'ame de Ninon
» De la volupté d'Epicure
» Et de la vertu de Caton. »

L I S E T T E,

Je ne m'y connois pas; mais je trouve ces vers-là bien jolis.

L E S T A N G E S.

Ces dames tardent bien à paroître.

L I S E T T E.

Sur-tout mademoiselle Sophie.

L E S T A N G E S.

Il est vrai que je l'aime éperdument.

L I S E T T E.

Mais à quoi cela vous mènera-t-il !

L E S T A N G E S.

A l'épouser.

L I S E T T E.

Elle est pauvre , et votre famille vous empêchera toujours de faire un tel mariage.

L E S T A N G E S.

Voilà justement ce qui me désespère. (On entend sonner.)

L I S E T T E.

On sonne , c'est ma maîtresse qui m'appelle. (Elle sort.)

SCENE III.

L E S T A N G E S , seul.

Peut-être , enfin , vais-je voir Sophie... Ah ! pour un cœur vivement épris , combien les instans paroissent longs loin de l'objet qu'on aime.

SCÈNE IV.

LESTANGES, SOPHIE.

S O P H I E.

Lisette vient de m'apprendre que vous étiez ici.

LESTANGES.

Oui, belle Sophie, il me tardoit de vous voir.

SOPHIE.

Vous avez toujours quelque chose de flatteur à me dire.

LESTANGES.

C'est que vous avez toujours quelque chose de tendre à m'inspirer ; mais, hélas ! l'amour qui nous promettoit le bonheur, va peut-être causer nos peines.

SOPHIE.

Que voulez-vous dire ?

LESTANGES.

Mon père ne consent pas à notre union. Vous êtes émue, Sophie... Ah ! je lui parlerai ; je tâcherai de l'attendrir.

SOPHIE.

L'attendrir ; je connois son caractère, vous n'y réussirez pas.

LESTANGES.

S'il vouloit rompre les liens qui m'unissent à vous, nous saurions déjouer sa colère, et je sais un moyen...

SOPHIE.

Si le moyen que vous avez en vue déplaisoit à ma bienfaitrice, quels que soient mes sentimens pour vous, Lestanges, le devoir m'ordonne de n'y pas souscrire.

LESTANGES.

Si vous m'aimez, votre devoir est de me suivre sur une terre plus heureuse, où rien ne s'opposera au don de mon cœur et de ma main.

SOPHIE.

Qu'osez-vous me proposer ? Je vous quitte, Lestanges, je ne dois plus vous entendre : puisse la raison vous éclairer sur vos torts, et vous faire abjurer l'erreur qui vous abuse !

(*Elle sort.*)

SCENE V.

LESTANGES, *seul.*

Sophie me laisse ; elle est offensée.

Air : *Je connois un berger discret.*

L'un juge avec trop de rigueur
Un excès de tendresse,
Un autre avec plus de douceur
Le traite de foiblesse,
Ah ! quand l'amour sait nous charmer,
L'erreur est excusable ;
Mais si c'est un crime d'aimer,
Je suis donc bien coupable.

Mais voici la charmante Ninou.

SCÈNE VI.
NINON, LESTANGES.

NINON.

Que vous est-il donc arrivé, Lestanges, je vous trouve un air bien triste ?

LESTANGES.

Ah ! belle Ninon, je n'oserai parler si votre bonté ne m'encourage.

NINON, *souriant*.

Je ne croyois pas mon aspect si imposant, expliquez-vous ? Quelque nouvelle folie vous passeroit-elle par la tête ?

LESTANGES.

Il faut absolument que j'épouse Sophie.

NINON,

Si vous n'annoncez pas beaucoup de raison, vous prouvez au moins que vous avez du goût.

LESTANGES.

Aussi je lui dis sans cesse que je l'aimerai toute ma vie.

NINON.

Les femmes ont mille adorateurs et n'ont pas un ami véritable.

Air : *Phylis demande son portrait.*
Ou *vaudeville des bruits de paix.*

Afin d'avancer son chemin
    Dans le cœur d'une belle,
Uu amant dit soir et matin,
    Qu'il lui sera fidèle.
Un compliment tendre et flatteur
    Près d'elle fait merveille :
Bien peu sont prises par le cœur ;
    Mais beaucoup par l'oreille.

LESTANGES.

Enfin, Ninon, approuvez-vous mon choix ?

NINON.

Il n'a pas le sens commun.

LESTANGES.

Qui vous fait parler de la sorte !

NINON.

L'expérience et l'usage.

LESTANGES.

L'usage veut qu'on se marie.

NINON

Quand les convenances le permettent,

LESTANGES.

Vous me parlez des préjugés.

(8)

N I N O N. *Même air*

Celui qui brave un préjugé,
    Bien souvent nous offense,
Maintefois on a mal jugé
    Un moment de démence;
Le monde chérit son erreur,
    Il veut qu'on la partage;
Le plus fou, suivant son humeur,
    Lui paroit le plus sage.

L E S T A N G E S.

Il faut donc, d'après votre principe, que celui qui a la raison en partage, soit de l'avis de ceux qui n'en ont pas.

N I N O N.

Non; mais il est plus facile à un homme qui croit avoir raison, de voir comme tout le monde, que de forcer tout le monde à voir comme lui. Les premiers feux de l'amour passés, cette femme, que vous regardez comme une divinité, rentreroit bientôt à sa place, et c'est alors que vous vous appercevriez du sacrifice que vous auriez fait pour elle.

L E S T A N G E S.

Non, non, mon cœur ne peut me tromper.... mon amour est le fruit de l'estime; je connois celle que j'aime.

N I N O N.

Langage d'amoureux.

Air: *Pourriez-vous bien douter encore.*

D'une beauté pour toucher l'ame
Vous prodiguez soupirs et pleurs;
A peine est-elle votre femme
Que vous dédaignez ses faveurs.
Sur les défauts de la cruelle,
L'amour étendoit son bandeau....
Vous perdez une erreur si belle,
Quand l'hymen prête son flambeau.

Cupidon sait par sa puissance,
Sur nos cœurs lever des tributs:
Les poëtes sont fous, je pense,
De lui donner tant d'attributs.
A L'amour est-il nécessaire,
Ce carquois, cet arc, ce flambeau!
Le pouvoir du dieu de Cythère,
N'existe que dans son bandeau.

L E S T A N G E S.

Mais, belle Ninon....

N I N O N.

J'ai appris que cette passion vous avoit mal mis avec votre père; les entraves que vous prévoyez qu'il apportera en sont la cause : songez que je puis disposer de la main de Sophie,

et tant que je pourrai quelque chose sur son cœur, elle
n'épousera jamais un fils ingrat.

Air : *Vaudeville de la prévention vaincue.*

De l'amour je connois l'ivresse,
Et ses peines et ses plaisirs ;
N'oubliez pas que la sagesse
Doit toujours guider nos désirs :
Fuyez une erreur passagère
Qui trompe votre jeune cœur :
On n'a plus de droits au bonheur
Quand on craint les regards d'un père.

LESTANGES.

Fatale passion !   *Il sort.*

SCENE VII.

NINON, *seule.*

Combien d'erreurs l'amour ne fait-il point commettre à ce-
luiqui ne sait pas le maîtriser.

Air : *Vaudeville des Visitandines.*

Il fait le charme du bel âge ;
Mais pour qu'il donne le bonheur,
Sous ses lois il faut qu'on engage
Ses vœux, ses désirs et son cœur.
Choisissons-le pour notre Maître,
Mais sans approfondir l'amour...
Psyché le perdit sans retour
Pour avoir voulu le connoître.

Lestanges ira se jeter aux pieds de son père, j'en suis
sûre ; l'excès de la passion l'emporte. Eh bien ! quand il
connoîtra mieux Sophie, il deviendra plus raisonnable, et
la main de son amante sera le prix de sa soumission ; la fortune alors ne leur sera pas plus favorable ; mais...

Air : *De la Chaumière.*

Si pour couronner leurs amours
Il ne faut plus que la richesse,
Je trouverai dans mes atours,
Tout ce qui manque à leur tendresse.

(*Elle ramasse ses bijoux et les me dans un écrin.*)

Combien il est doux pour mon cœur
A ce prix de les satisfaire !
Si mes bijoux font leur bonheur,
J'aurai toujours (bis) assez pour plaire.

Oui, sans doute aux yeux de l'homme sensible.

(*Elle considère attentivement ses bijoux.*)

Air : *Jeune fille, jeune garçon.*

Pourroient-ils conquérir un cœur
Ces ornemens de la folie !
Sans embellir la plus jolie
Ils font remarquer la laideur.

2

Mais bientôt, je l'assure,
La mode en passera,
Le goût les proscrira...
Qui nous embellira !..
La nature.

J'entends venir Sophie : qu'elle ignore ce que je fais pour elle ; un bienfait publié par le bienfaiteur perd la moitié de son prix. Mettons ses sentimens à l'épreuve, pour savoir si dans son cœur l'amitié l'emporte sur l'amour.

SCENE VIII.
NINON, SOPHIE.

SOPHIE.

Lestanges sort d'ici.

NINON.

Oui, ma belle amie; mais je crains bien que ce soit pour la dernière fois.

SOPHIE

Ne plus le voir, au moment où il venoit pour m'épouser.

NINON.

C'est précisément à cause de cela.

SOPHIE

Mais il me semble au contraire que c'est le cas de recevoir les gens.

NINON.

C'est que son père s'y oppose.

SOPHIE

Je le sais, aussi en est-il bien chagrin.

NINON.

Il vous en a donc parlé ?

SOPHIE.

Il en avoit perdu la tête, au point.... qu'il vouloit m'enlever.

NINON.

Vous enlever !

AIR : *Amusez-vous, jeunes fillettes.*

Ce propos n'a rien qui me blesse,
Je n'en dois pas craindre l'effet,
Et vous n'aurez pas la foiblesse
De consentir à ce projet :
Nous savons par expérience,
Qu'un tel discours ne prouve rien,
Et qu'on n'enlève, même en France,
Que celles qui le veulent bien.

L'amour que vous avez conçu, me fait craindre pour votre tranquillité. Il est nécessaire que vous vous éloigniez, il faut, Sophie, que ma maison de campagne....

(11)

S O P H I E.

Que me proposez-vous ! Si tous les charmes de la société
ne peuvent me faire oublier Lestanges , est-ce dans la so-
litude que je parviendrai à bannir son image de mon cœur?..

N I N O N.

La fuite, le tems , l'absence , sont des remèdes auxquels
une passion , quelque vive qu'on la suppose , ne peut jamais
résister.

S O P H I E *en pleurs.*

Ah ! madame , qu'exigez-vous de moi?

N I N O N *attendrie.*

Un sacrifice , je le sais.

DUO *De la petite Nanette.*

S O P H I E

Vous ignorez ce qu'à mon cœur
Il coûte de le faire.

N I N O N.

A mon repos , à votre honneur,
Il devient nécessaire.

S O P H I E.

Eh ! quoi, je ne reverrojs plus
L'appui de ma jeunesse !

N I N O N.

Le souvenir de vos vertus
Me restera sans cesse,

Ensemble.

Lui }
Me } restera sans cesse,

Ensemble , et à part.

S O P H I E.	**N I N O N.**
De l'obéissance	De l'obéissance
La reconnoissance	La reconnoissance
Me fait un devoir:	Lui fait un devoir,
Il faut que Sophie ,	Lestange et Sophie ,
Lestanges, t'oublie	Bientôt pour la vie
Pour ne plus te voir.	Pourront se revoir.

S O P H I E.

Mais puisque vous le désirez ,
Il faut que j'obéisse.

N I N O N.

Bientôt vous vous applaudirez
D'un si grand sacrifice.

S O P H I E.

Daignez au moins me pardonner
Un instant de foiblesse.

N I N O N.

Il pouvoit seul me témoigner
Toute votre tendresse.

(12)

Ensemble.

L'excés de ma } tendresse.
Toute votre }

Sophie sort.

SCENE IX.

NINON *seule.*

Il étoit tems qu'elle se retirât... Je sentois déjà couler
mes larmes! Ah! mon cher Gourville, s'il étoit en mon
pouvoir de disposer de la somme que vous me laissâtes en
partant, dès ce soir... Mais laissons cela... Je ne puis jamais
penser à cet argent, sans avoir peur que M. Caffardini, à qui il a laissé aussi soixante mille francs, ne les
lui rende pas... C'est un homme d'affaires.. Quand ces gens-
là ouvrent les mains, c'est pour prendre, et s'ils les ferment
c'est pour garder.

SCENE X,

NINON, CAFFARDINI, LISETTE

Lisette annonce, et sort aussitôt.

LISETTE.

Madame, voici M. Caffardini.

NINON *à part.*

Il auroit pu me dispenser de sa visite. (*Haut.*) J'i-
gnore par quelle faveur, monsieur, j'ai mérité que vous
vous donniez la peine de me voir si souvent.

CAFFARDINI.

On ne devineroit pas à mon empressement, que j'ai à
me plaindre de vous.

NINON.

Je me croyois exempte de reproches.

CAFFARDINI.

Malgré mes soins assidus, je vois qu'il en est chez vous
de mieux accueillis que moi.

NINON.

Je ne vous comprends pas ; daignez-vous expliquer ?

CAFFARDINI.

AIR : *Du Panorama.*

Pourquoi vouloir me faire dire
Ce que mes yeux cent fois on dit?
Ma bouche n'ose pas vous dire
Ce que tout bas mon cœur me dit :
Hélas! si vous me faites dire
Ce que je voudrois avoir dit,
A chaque instant je voudrai dire
Ce mot qu'une fois j'aurai dit.

N I N O N.

J'étois bien loin de m'attendre à une déclaration de votre part.

C A F F A R D I N I.

Si mes soins jusqu'à ce jour, n'ont pu vous inspirer de l'amour, peut-être m'accorderez-vous quelqu'espoir, quand je vous aurai fait connoître ma fortune.

N I N O N.

Votre fortune !

AIR : *De la Chiméne.*

Hélas ! son bien
Est trop périssable,
Y compter, c'est bâtir sur le sable,
A dit certain
Écrivain
Aimable
Dont l'esprit
Éclaire et séduit.
En vain,
Sur la fortune en ce monde
On fonde
Un espoir peu certain :
Demain,
Dans la misère profonde
Un riche vain
Sera soudain.
M'en offrir
Est me faire un outrage,
En jouir
Est un foible avantage
Faites-en plus sage
Un autre usage
En
Soulageant
L'homme indigent.

C A F F A R D I N I.

Vous trouverez peut-être plus digne de vous, la considération dont je jouis dans le monde.

N I N O N.

A supposer que cela soit, voici ma réponse.

AIR : *Il n'en est pas de généreux.*

Daphné refusoit Apollon,
Fier de son rang, de sa naissance :
Je suis dit-il, dieu d'Hélicon,
Dieu des arts et de la science :
Sans l'écouter Daphné fuyoit
Le dieu du Pinde et du Permesse...
Mais bientôt elle s'arrêtoit
S'il eût parlé de sa jeunesse.

(*Ninon sort.*)

SCENE XI.
CAFFARDINI, LISETTE.

LISETTE.

Qu'est-ce donc, monsieur... Ma maîtresse se retire....
est-ce que votre société.....

CAFFARDINI.

Ah ! Lisette...

LISETTE.

Vous soupirez monsieur...

CAFFARDINI.

Je suis piqué au vif contre ta maîtresse, et je prétends
le lui faire connoître par une épigramme.

LISETTE.

Une épigramme ! (*Caffardini s'assied auprès de la table.*)

CAFFARDINI *écrivant.*

Lisette.

LISETTE.

Quoi monsieur ?

CAFFARDINI *écrivant.*

Les femmes d'aujourd'hui sont bien coquettes.

LISETTE.

Toutes ?

CAFFARDINI *écrivant.*

Celles que j'excepte sont prudes.

LISETTE.

Elles se sont peut-être donné le mot pour vous paroître
telles.

CAFFARDINI.

Relisons.

« *Indigne de mes feux, indigne de mes larmes,*
» *Je renonce sans peine à tes foibles appas ;*
   » *Mon amour te prêtoit des charmes,*
   » *Ingrate, que tu n'avois pas.* »

LISETTE.

Il y a quelque chose là dessous que je ne puis com-
prendre.

CAFFARDINI.

AIR : *Du Vaudeville de l'Opéra-Comique.*

C'est très-clairement s'expliquer.

LISETTE.

Dans des vers en façon de prose.

CAFFARDINI.

On ne sauroit mieux critiquer.

LISETTE.

De votre part, c'est peu de chose.

CAFFARDINI *, remettant le papier à Lisette.*
Mon épigramme est en honneur,
Bien méchante, et j'en suis fort aise.

LISETTE.
Je suis de votre avis, monsieur,
Je la trouve mauvaise.

(*Elle sort.*)

SCENE XII.

CAFFARDINI *seul.*

J'aurai mon tour... Allons allons, sortons de cette maison... J'aurois cependant voulu avoir un moment d'entre-
tien avec cette petite Sophie, qui me fait perdre la tête...
Mais elle se gardera bien de paroître, si elle sait que je
suis ici.... Elle n'a pas encore daigné faire un mot de réponse à mes lettres pleines d'ardeur et de soumission...
Heim !... heim !... Cette réflexion me détermine, et comme
tout ça finiroit par se savoir, il est bon d'opposer des obs-
tacles à l'indiscrétion de ces femmes : Ninon et Sophie,
Sophie et Ninon ! je commencerai par Ninon. (*Il va pour
sortir, Gourville entre.*)

SCENE XIII.

CAFFARDINI, GOURVILLE.

CAFFARDINI *à part, et surpris.*
Monsieur de Gourville !... est-il possible, ô fâcheuse ren-
contre.

GOURVILLE.
Tout me paroît bien changé, j'arrive et ne trouve personne pour m'annoncer.

CAFFARDINI *à part, et se cachant le visage.*
Tâchons de nous esquiver.

GOURVILLE.
Eh ! c'est monsieur Caffardini.... Je suis ravi de vous
trouver ici

CAFFARDINI *décontenancé.*
Moi de même... (*à part.*) Ah! si je l'avois su... (*haut.*)
Par quel bonheur, car on ne vous attendoit pas !

GOURVILLE.
Je vais vous le dire.

CAFFARDINI.
Une autre fois... Permettez que je vous laisse pour le
moment... je crains de troubler votre première entrevue
avec mademoiselle de Lenclos. (*Il va pour se retirer.*)

GOURVILLE.
Au contraire, monsieur, car si je n'avois pas eu l'avan-

tage de vous rencontrer en cette maison , j'aurois été vous
voir pour vous demander le dépôt que je remis entre vos
mains , lorsque je fus obligé de fuir pendant les guerres
de la fronde.

CAFFARDINI *feignant la surprise.*

Un dépôt monsieur ?

GOURVILLE *à part.*

Je commence à avoir des doutes sur la probité de cet
homme. (*haut.*) Vous le savez, monsieur , c'étoit une
moitié de ma fortune ; je vous priai de me la conserver ,
et je laissai l'autre entre les mains de mademoiselle de
Lenclos.

CAFFARDINI.

C'est avec le plus grand étonnement, que je vous entends
réclamer une somme dont j'ai peine à me rappeler ; car on
me remet tous les jours tant d'argent pour les pauvres , dont
j'ai le plus grand soin , que le vôtre leur aura sans doute
été distribué aussitôt qu'il m'a été remis.

GOURVILLE.

Mes doutes sont pleinement justifiés. (*Caffardini va
pour sortir , Lisette entre , un papier à la main.*)

SCENE XIV.

GOURVILLE, CAFFARDINI, LISETTE.

LISETTE *accourant.*

AIR : *çà n'se peut pas.*

Je vous apporte une replique ,
Elle est de la main de Ninon ;
Sur votre compte elle s'explique,
Sa Muse vaut votre Appollon.
Vous vouliez piquer cette belle
D'un trait qu'on ne sent point , hélas !
Et j'entends dire à la cruelle
Çà n'se peut pas , Çà n'se peut pas.

GOURVILLE.

Qu'est-ce donc.

LISETTE *à Caffardini , en lui présentant le papier.*

Voici la réponse à votre épigramme.   (*Il la prend.*)

GOURVILLE.

Comment, monsieur fait des épigrammes ?

LISETTE *à part.*

M. de Gourville... ô bonheur. (*Gourville lui tend affec-
tueusement la main.*)

CAFFARDINI *lisant.*

« *Insensible à tes feux , insensible à tes larmes* ,

» *Je te vois renoncer à mes foibles appas ;*
    » *Mais si l'amour prête des charmes,*
  » *Ingrat pourquoi n'en empruntois-tu pas !* »

O rage ! ils ont plus d'esprit que moi... mais je saurai me venger.   (*Il sort.*)

SCENE XV.
GOURVILLE, LISETTE.

LISETTE.

Dieu merci ! nous en voilà débarassés... Son ennuyeuse présence contrastoit un peu trop avec la joie que nous inspire votre arrivée.

GOURVILLE.

Cet homme sans honneur a trompé ma confiance, et nié le dépôt que je lui avois confié.

LISETTE.

Le lâche.

GOURVILLE.

Ninon est-elle ici.

LISETTE.

Sans doute, et je vais la prévenir; (*elle fait quelques pas et revient.*) mais comme cela vous a rendu triste.

GOURVILLE.

N'en parlons plus Lisette, le plaisir que j'éprouve en me retrouvant ici, est la seule cause des pleurs qui s'échappent de mes yeux.

AIR : *Du boudoir d'Aspasie.*

L'ivresse fait couler mes larmes,
En me voyant dans ce séjour,
Séjour rempli de tant de charmes,
Où jadis j'ai connu l'amour.

LISETTE.

Eh bien !   *Même air.*

Puisque ce moment pour votre ame
Paroit être d'un si grand prix,
(*Elle va ouvrir la porte du cabinet.*)
Entrez au plûtôt chez madame,
Elle reçoit bien ses amis.

(*Gourville entre dans le cabinet.*)

SCENE XVI.
LISETTE *seule.*

Ce qui arrive à M. de Gourville me fait bien de la peine;

mais au surplus , il ne faut peut-être pas désespérer...
Comme ma maîtresse sera contente de le revoir.

AIR : *De la gaité le doux transport m'inspire* (Mélomanie).
Ah! quel plaisir pour ma chère maîtresse ,
C'est un charme, c'est une ivresse !
Moment charmant ,
L'allégresse
Ici comble mon ivresse.
On va se réjouir ,
Chantons sans cesse
L'amour et le plaisir ,
Gourville et ma maîtresse.

SCÈNE XVII.
LISETTE, SOPHIE.

LISETTE *accourant.*

AIR : *Lubin a la préférence.*
Lisette ; chère Lisette,
Bénis le sort qui rend
A nos vœux mon parent,
Il a quitté sa retraite,
En ce jour
Il est de retour.
Ce n'est point une imposture ,
Cette aventure
Est très-sûre ;
Enfin , dieu merci ,
Il est ici.

LISETTE.
Et moi je vous l'assure aussi.

SOPHIE.
Ainsi
Lisette
L'a vu.

LISETTE
Entretenu ;

SOPHIE
Moi je n'ai pu.

LISETTE.
Je l'aurois cru ;

SOPHIE
Mais vois-tu ,
J'étois inquiète ,
Et cet imposteur
Changeoit en douleur
Ce bonheur
Enchanteur.

LISETTE.
Vous avez bien raison.

SOPHIE.

Que veux-tu dire ?

LISETTE.

AIR : *On m'a demandé souvent.* (Des deux Hermites.)

> Ce matin, Ninon sortant
> L'a laissé couvert de honte ;
> Je l'ai moi-même à l'instant,
> Fort mal traité pour mon compte ;
> Monsieur Gourville en arrivant
> L'a forcé de prendre la porte...
> Avec tant d'affronts, il emporte,
> Son argent.

SOPHIE.

L'hypocrite !

LISETTE.

Mais ne pourroit-on le forcer de restituer à M. de Gouville...

SOPHIE.

Comment veux-tu !... Oui, il me vient une idée...

LISETTE.

Quelle est-elle ?

SOPHIE.

Je veux bien t'instruire ; mais à condition que tu garderas le secret.

LISETTE.

Je sais que notre sexe est généralement parlant, assez indiscret, mais moi...

SOPHIE *tirant un paquet de sa poche.*

Eh bien ! apprends que voici les lettres que cet indigne homme m'écrivoit dans l'intention de me séduire.

LISETTE.

Est-il possible ?

SOPHIE.

Autant par respect pour son âge, que dans l'espoir qu'il abandonneroit enfin ses prétentions à mon égard, je m'étois prescrit la loi de n'en jamais parler à personne ; et je me contentois de me retirer toutes les fois qu'il venoit ici ; mais la circonstance me force aujourd'hui, d'en faire un autre usage, et je vais le menacer de publier ses lettres, s'il ne remet à l'instant la somme qui lui a été confiée.

LISETTE.

J'avois donc raison de ne pas m'affliger d'avance.

SOPHIE.

Souviens-toi de ce que tu m'as promis.

LISETTE.

AIR : *Allons aux prés S.-Gervais.*

> Je garderai le secret,

Le sort j'espère
Sera prospère ;
Et le succès en effet
Doit couronner votre projet.

SOPHIE.

Puissé-je par mon adresse,
Prouver dans cet heureux jour,
A Gourville ma tendresse,
Dès son retour.

LISETTE.	**SOPHIE.**
Je garderai , etc.	Je compte sur le secret , etc.
Doit couronner, etc	Viendra couronner mon projet.
	Sophie sort.

SCENE XVIII.
NINON, GOURVILLE, LISETTE.

NINON *à Gourville.*

Que m'avez-vous appris ?

GOURVILLE.

La vérité ; mais je voudrois bien voir ma chère Sophie.

NINON.

Lisette, dites-lui que monsieur est de retour ; vous auriez dû l'en prévenir aussitôt.

LISETTE.

Vous ne m'en voudrez pas longtems de cette négligence. (*A part.*) En attendant qu'elle vienne , je vais m'occuper à défaire les paquets du prétendu départ. (*Elle sort.*)

SCENE XIX.
NINON, GOURVILLE.

GOURVILLE.

Comme elle doit être intéressante.

NINON.

J'ai fait tous mes efforts pour cela.

GOURVILLE

Elle n'avoit qu'à vous prendre pour modèle.

NINON *souriant.*

Jusqu'à un certain point seulement.

GOURVILLE.

Vous l'avez donc engagée à se retirer dans votre maison de campagne ?

NINON.

Je vous en ai expliqué la raison.

GOURVILLE.

Je ne blâme cependant pas Sophie... Ninon, j'ai éprouvé qu'auprès de vous, on voudroit en vain se soustraire au pouvoir de l'amour,

N I N O N.

Toujours le même Gourville !

G O U R V I L L E.

AIR : *Je t'aime tant.*

Ces yeux où l'on voit tant d'amour,
Triomphent de la résistance :
Le plus sage y doit à son tour
Déposer son indifférence.
Vaincu par de si doux attraits,
Le savant perd son éloquence :
S'il vous voit, il met désormais
A plaire toute sa science.

N I N O N *à part.*

Je crains qu'il ne s'abuse sur la foi que j'avois promis
de lui garder (*haut.*) Hélas ! Mon cher Gourville.

G O U R V I L L E *à part.*

Que veut-elle dire ?

N I N O N.

Il m'est arrivé un grand malheur pendant votre absence,
et je vous prie de me le pardonner.

G O U R V I L L E *à part.*

Je tremble...

N I N O N.

Cependant...

G O U R V I L L E *à part.*

Allons, elle aura aussi disposé de mes vingt mille écus.
(*Haut.*) Après avoir éprouvé tant de malheurs , je me croi-
rai trop heureux , si votre amitié me reste.

N I N O N *vivement.*

Dans ce cas vous n'avez plus rien à désirer : je vous jurai
bien à votre départ une fidélité à toute épreuve ; j'ai trahi
mon serment, vous avez perdu...

G O U R V I L L E *à part.*

Il n'y a plus à en douter.

N I N O N.

Une maîtresse ; mais vous retrouvez une amie.

G O U R V I L L E.

Ninon , j'oublie un sentiment dont l'espérance plus longtems entretenue auroit pu causer le malheur de ma vie.

N I N O N.

J'ai toujours pensé à ce qui vous regarde, et les fonds
que vous m'avez laissés sont dans une maison de banque où
vous les trouverez avec les intérêts.

G O U R V I L L E.

Seroit-il possible ? (*A part*) Ah ! ne lui faisons point
connoître que j'ai pu la soupçonner.

(22)

NINON.

Vivons donc dans la plus parfaite amitié.

GOURVILLE.

La vôtre me sera toujours précieuse.

NINON.

Air: *Vaudeville des Deux Veuves.*

Si d'un galant tous les sermens
N'ont pour but qu'un plaisir frivole,
De la perte de nos amans
Souvent l'amitié nous console.
Puisque dans un sensible cœur
L'amour par fois devient volage,
L'amour peut donner le bonheur,
Quand l'amitié prend son image.

SCENE XX.

NINON, GOURVILLE, LISETTE.

LISETTE, *accourant toute émue, et tenant un papier.*

Madame, il y a dans votre anti-chambre, un exempt qui vient de la part du ministre.

NINON.

Eh bien ! Lisette, on répondra au ministre et à l'exempt.

LISETTE.

Voici le papier qu'il m'a chargée de vous remettre.

(*Ninon prend le papier.*)

GOURVILLE.

Que pourroit-ce être ?

NINON, *se mettant à écrire.*

Rassurez-vous, c'est une simple invitation que me fait la régente, de prendre un couvent pour ma retraite. La cour, dit-elle, est scandalisée de ma conduite ; j'ai la liberté de choisir d'ici à trois jours la maison que je préfère. Il est juste que je réponde.

GOURVILLE.

Aujourd'hui que je suis rentré en grâce, je vois s'accroître ma faveur de plus en plus ; je pense que le ministre n'aura rien à me refuser.

NINON.

Lisette, voici ma réponse ; allez la remettre à l'exempt.

(*Elle rentre dans son appartement.*)

SCENE XXI.

GOURVILLE, LISETTE.

GOURVILLE.

Je prévois d'où part cet ordre ; il ne peut avoir été sollicité que par ce Caffardini.

LISETTE.

Ah! je vous en prie, employez-vous bien pour ma maîtresse.

GOURVILLE.

J'espère faire valoir assez mon crédit pour réussir.

LISETTE, *à part.*

Il aura beau dire, c'est à mademoiselle Sophie qu'est ré-
servée la gloire de cette journée.

GOURVILLE.

Que marque cette réponse?

LISETTE, *lisant.*

Air : *Lorsque vous verrez un amant.*
« Ninon sur le choix d'un couvent
» Ne peut prononcer sans alarmes,
» Dans ces asyles trop souvent,
» Le cœur fit répandre des larmes. »
Elle fait une pause, et chante sans lire.
Hélas! Ninon dans ce séjour,
Feroit mourir, je le parie,
Le très saint directeur ... d'amour
Et les nones, de jalousie.
(*Elle va pour sortir. Lestanges se présente.*)

LISETTE, *à Gourville.*

C'est M. de Lestanges (*à Lestanges*); c'est M. de Gourville.   (*Elle sort.*)

SCÈNE XXII.
GOURVILLE, LESTANGES.

LESTANGES.

Il m'est doux, monsieur, de vous féliciter sur votre arrivée; vous étiez bien désiré dans cette maison.

GOURVILLE.

Et je désirois bien y revenir, mais j'arrive dans un
moment...

LESTANGES.

On m'a tout dit; je connois vos malheurs et ceux de Ninon. (*A part.*) Tâchons de le mettre dans nos intérêts.

GOURVILLE, *à part.*

Notre jeune homme se consulte.

LESTANGES.

J'ai l'espérance, monsieur, que cet ordre sera sans effet,
j'ai pour mon compte beaucoup de protections, et... (*à part*)
tout cela n'a pas de rapport à Sophie.

GOURVILLE.

Et...

LESTANGES.

Il y a pourtant dans cet événement une sorte de bonheur;
car s'il étoit arrivé avant votre retour, que seroit devenue
votre charmante... votre parente ?

GOURVILLE, *à part.*

Ah ! nous-y voilà.

LESTANGES, *à part.*

Je ne sais par où commencer.

Air : *Le long d'un bois Colin passoit.*

Si je pouvois le prévenir,
Ah ! s'il vouloit y consentir,
Il peut me servir.

GOURVILLE *à part.*

Il parle bas, je ne puis définir

LESTANGE, *à part.*

Hélas ! h las ! si j'osois ;
Mais, mais
Je n'ose,
Gourville peut me refuser.

GOURVILLE *à part.*	LESTANGES, *à part.*
Je crois enfin savoir la cause,	Mais j'espère gagner ma cause,
Sur moi s'il se repose,	Sur lui je me repose,
Il ne pourroit m'abuser.	Et je vais me proposer.

SCÈNE XXIII

Les Précédens, NINON.

NINON, *dans le fond du théâtre.*

Lestange ose ici revenir.
Non, je ne puis y consentir.

TOUS TROIS, *à part et ensemble.*

Il faut en finir.

LESTANGES, *à part.*

Puis-je espérer qu'il veuille nous unir ?
Hélas ! hélas ! si j'osois,
Mais, mais
Je n'ose !

GOURVILLE, *à part.*

Je ne pourrai le refuser.

TOUS TROIS *ensemble et à part.*

GOURVILLE	LESTANGES
Oui, oui, j'ai deviné la cause,	Mais j'espère gagner ma cause,
Il craint que je m'oppose,	Sur lui je me repose,
Il ne pourroit m'abuser.	Et je vais me proposer.

NINON

Il espère gagner sa cause,
Son maintien se compose,
Il ne sauroit m'abuser.

NINON, *souriant à Lestanges.*

Eh bien ! décidez-vous ?

(25)

L E S T A N G E S , *étonné.*

Quoi! Ninon, vous étiez-là ?

N I N O N , *souriant.*

Sans doute.

L E S T A N G E S.

Guidé par vos sages conseils, je viens de me jeter aux pieds de mon père.

N I N O N.

Je ne vous en veux plus. Les plus courtes folies sont les meilleures. (*A Gourville.*) Vous devinez la cause du grand embarras de cet étourdi.

G O U R V I L L E.

Oui , oui, je la sais.

L E S T A N G E S , *à Ninon.*

Mais retardez le départ de Sophie ; n'est-ce pas assez qu'un père me la refuse, sans que vous me priviez encore du bonheur de la voir.

N I N O N , *souriant.*

Nous verrons.

G O U R V I L L E.

La voici.

SCÈNE XXIV.

Les Précédens, S O P H I E.

S O P H I E , *très-animée, et tenant un porte-feuille*

Je viens de faire une démarche bien hardie... Peut-être allez-vous me blâmer ?

N I N O N.

Qu'est-il donc arrivé ?

S O P H I E.

En même-tems que Caffardini retenoit le dépôt de M. de Gourville , il m'écrivoit des déclarations d'amour auxquelles je ne répondois que mon mépris.

N I N O N.

Et je l'ignorois !.... M. Caffardini en vouloit donc à toutes les femmes de cette maison.

G O U R V I L L E.

Je serois au désespoir que quelqu'action d'éclat...

S O P H I E.

Irritée, je fus le trouver ; je le menaçai de tout publier s'il ne me remettoit vos soixante mille francs : j'ignore si son repentir est sincère ; mais il pleuroit... Puis, il m'apprit qu'il avoit obtenu un ordre pour vous faire reclure , et qu'il ne

4

l'avoit sollicité qu'à cause du mepris que vous avez fait de ses feux ; il l'a sur-le-champ déchiré , m'a prié de lui pardonner et m'a remis ce porte-feuille qui contient sa dette , et que je vous rapporte. (*Elle donne le porte-feuille à M. Gourville*).

NINON, *les regardant.*

Combien ce jour me fait répandre de douces larmes !

GOURVILLE.

Ma chère Sophie , on reconnoît en vous l'élève d'une femme qui s'est toujours distinguée par la délicatesse de ses procédés.

SCENE XXV ET DERNIERE.

NINON , GOURVILLE , LESTANGES , SOPHIE , LISETTE.

LISETTE, *portant une cassette.*

Madame, voici la cassette que vous m'avez dit d'aller chercher.

NINON, *à Gourville.*

Ce sont vos soixante mille francs avec les intérêts que je vous remets.

GOURVILLE.

J'en ai beaucoup plus qu'il m'en faut maintenant, pour fournir à la vie simple que je vais embrasser. Je donne à Sophie les vingt mille écus qu'elle m'a fait rendre, et je me charge d'obtenir le consentement du père de M. de Lestanges.

NINON , *à Lestanges.*

J'espère qu'une autrefois vous mettrez mes conseils à profit.

LISETTE.

Il est inutile que je cherche davantage à vendre vos bijoux, n'est-il pas vrai , madame !

NINON.

De la discrétion , Lisette.

GOURVILLE.

Non , Lisette , expliquez-vous.

LISETTE.

Vous saurez donc , que ne voyant pas d'autre moyen de terminer le mariage de mademoiselle Sophie , madame m'avoit chargée de vendre les bijoux contenus dans cet écrin.

GOURVILLE, *à Ninon.*

Et vous me l'avez caché.

NINON.

Air : *Si jamais je fais un ami (des Femmes vengées).*

L'homme par calcul bien souvent
Fait un acte de bienfaisance,
Et de son orgueil il attend
Son plaisir ou sa récompense ;
Mais je pense que le secret
Doit doubler le bien qu'on sait faire,
Et je n'estime un bienfait
Qu'accompagné du mystère.

VAUDEVILLE.

Air : *Vaudeville de Comment faire ?*

LISETTE.

Rendons tous hommage à Ninon ,
Par son cœur elle est embellie ;
Ce cœur dont l'amour lui fit don,
De fleurs sema toujours sa vie.
O vous qu'aiment tant les Français,
Femmes que par-tout on révère ,
Défiez-vous de vos attraits ,
Ils ne suffisent pas pour plaire.

TOUS.	NINON.
Suivez l'exemple de Ninon ,	Vous unir par un foible don ,
Par son cœur elle est embellie ,	C'étoit là ma plus douce envie,
Ce cœur dont l'amour lui fit don ,	Cet heureux jour est pour Ninon
De fleurs sema toujours sa vie.	Le plus beau qu'elle eut de sa vie.

GOUVILLE.

Je connois plus d'une beauté
Qui compte trop sur sa jeunesse,
Car les appas sans la bonté
Sont comme l'or sans la sagesse.

GOUR. et LEST.	NINON.	SOPH. et LISET.
Suivez, etc.	Vous unir , etc.	Suivons, etc.

SOPHIE.

Tout me disoit que dans ces lieux
A l'amour, il falloit me rendre ;
Vous venez de combler mes vœux
En formant un lien si tendre.

GOUR. et LEST.	NINON.	SOPH. et LIS.
Suivez, etc.	Vous unir , etc.	Suivons, etc.

LESTANGES.

Mon père avec juste raison ,
A ce matin versé des larmes ;
J'avois besoin d'une leçon
Dont j'ai bientôt senti les charmes.

GOUR. et LEST.	NINON.	SOPH. et LIS.
Suivez, etc.	Vous unir , etc.	Suivons, etc.

N I N O N, *au Public.*

Un siècle s'écoule et soudain
Ici vous la voyez renaître ;
J'ai peur qu'un critique malin
Ne veuille pas la reconnaître.
Si les auteurs ont pris le ton
De cette femme tant chérie ,
Si j'ai pu rappeler Ninon,
Daignez lui rendre une autre vie.

TOUS.	NINON.
Si les auteurs, etc.	Si les auteurs, etc.
S'ils ont pu rappeler, etc.	Si j'ai pu rappeler , etc.

Ninon chante les huit vers de son couplet seule , après quoi les acteurs reprennent en chœur les quatre derniers vers.

Nota. Il est essentiel que le rôle de *Caffardini* soit pris en caricature.

F I N.

De l'Imprimerie de HOCQUET et Comp. , rue St.-Lazare, N°. 110;
Maison Ruggieri.

www.ingramcontent.com/pod-product-compliance
Ingram Content Group UK Ltd.
Pitfield, Milton Keynes, MK11 3LW, UK
UKHW021708090726
13657UKWH00005B/2114